# Die Bäume werden nicht sterben

-Gedichte/Fotografiken-

**Gedichte:**

Rainer Lindner

Matthias Bähr

**Bilder:**

Robert Geipel/Simone Eigen

# Einem Baum im satten Grün sieht man nicht an, ob er innerlich nicht schon verfault ist

Einen Schrecken bekamen am Donnerstagabend die Anwohner der Sömmeringstraße im Nordend: Mit lautem Krachen stürzte um 20.40 Uhr eine 35 Meter lange Akazie mit einem Durchmesser von 1,70 Meter, die auf dem Privatgrundstück Nummer 34 stand, auf die Straße. Der niederstürzende Baum riß eine Grundstücksmauer um (Bild oben) und zertrümmerte einen abgestellten Wagen vollständig. Ein anderes Auto wurde am Kotflügel gestreift. Die Akazie fiel auf ein Garagendach auf der gegenüberliegenden Seite der Straße. Bei dem Sturz des Baumes wurde eine in der Nähe stehende Birke erfaßt. Ihre Krone wurde durch die Wucht des Aufpralls regelrecht geköpft. — Da der Stamm quer über der Sömmerringstraße lag, mußte der Durchgangsverkehr für mehrere Stunden gesperrt werden. Während die Polizei für die Umleitung sorgte und die Anwohner über Lautsprecher über das Verkehrshindernis informierte, kümmerte sich die Feuerwehr und die Stadtreinigung um das Zerlegen des Stammes und die Reinigung der Straße. Glücklicherweise kamen bei dem Baumsturz keine Menschen zu Schaden. — Noch am Freitagfrüh war man in der Leitstelle der Frankfurter Feuerwehr verdutzt darüber, wie es zu diesem Sturz kommen konnte. Schließlich war es am Donnerstag abend windstill, und man hätte eher erwarten können, daß die Akazie bei den Böen der letzten Tage bereits gefallen wäre. Wie sich dann herausstellte, war die Akazie jedoch in Höhe des Wurzelansatzes bereits erheblich angefault und kippte deshalb um. — Wie der Abteilungsleiter Grünflächenpflege beim Gartenamt der Stadt, Werner Breuckmann, auf Anfrage erklärte, kann so ein solcher Baumsturz von Zeit zu Zeit immer wieder einmal vorkommen. Ein Baum, so Breuckmann, könne in vollster Pracht stehen und dennoch innen ausgefault sein. Unser Bild oben zeigt deutlich das Faulloch im Baumstamm. „Wir können auch nicht feststellen, ob ein Baum krank ist. Wir müßten ihn dann schon ausgraben und das würde ihn dann seine Standfestigkeit beeinträchtigen."

(enk·FR-Bild: Ullrich)

Schon viele Bäume starben. Vor kurzem sahen wir ihre verfaulten
Wurzeln.

Jede Täterschaft verantwortlicher Häupter wird verleugnet! Das sei
der Lauf der Dinge, sagte man uns und zwischendurch sehe man noch genug
Leben, welches aufgesammelt werden solle.

Es wird dringend geraten, dem ' Lauf der Dinge ' nachzueilen, um
diesem bigotten Sturmlauf den ausgerollten Teppich  unter den
Trampelfüßen wegzuziehen.

Wollen wir nun beginnen, was da noch zu sagen ist.
Wollen wir noch sagen, einiges wenigstens, was nicht mehr zum
Schweigen verpflichten darf. Lassen wir die reden, die bisher schweigen
mußten und lehren dafür denen das Schweigen, die bisher das Sagen
hatten.

Denn unsere Wurzeln sind nicht aufkaufbar. Unsere Wurzeln werden
nicht trockengelegt werden, wie einige Herrschaften meinen, die ihren
' Garten Eden ' nur für den eigenen Hausgebrauch leerernten möchten.

Die Bäume, Freunde, werden nicht sterben!

Und die vermeintlichen Herren des ' Gartenamtes ' wissen das !

Selbstverlag

Matthias Bähr/Rainer Lindner

Bachgasse 1

6316 Gemuenden 4 (Elpenrod)

September 1980

Copyright bei den Autoren

ISBN  3-9800398-1-1          Druck: Selbstdruck

# INHALT

Die Fotos auf den Seiten 31/43/57 stammen von Simone Eigen,
alle anderen Fotografiken stammen von Robert Geipel.

FÜR WILHELM
DEM ALLES
NICHT SCHNELL GENUG
GEHEN KONNTE

vor kurzem
wilhelm
da kamst du
mal kurz vorbei

du mußtest
gleich weiter
warst hektisch
wie immer

und wir redeten
über lyrik
wie schon
so oft

du gabst mir
das buch
von matthias
und mir zurück

hattest
seite für seite
sämtliche gedichte
kommentiert

deine kritik
war oft sehr hart
fast verletzend manchmal
aber stets ehrlich gemeint

zu einem liebesgedicht
hattest du geschrieben
ich solle doch mal einen abschied
auf leben + tod verdichten

unter einem anderen da stand:
diese dialektik
muß brutaler werden
dann wird sie auch schöner

als du gingst
an jenem tag
vereinbarten wir
daß wir uns bald
über deine kritik
unterhalten wollten

vor ein paar tagen
wilhelm
sagte man mir
man habe dich
tot im wattenmeer
gefunden

er dichtete
mit aller kraft
er liebte die welt
mit aller kraft
er liebte den tod
mit aller kraft

WILHELM E. LIEFLAND

dabei hätten wir
doch noch soviel
zu reden gehabt
über dialektik
leben
und tod

**7**

## DARUM

Freunde
haben mir gesagt
Gedichte
die liegen uns nicht
es fehlt uns
die Stimmung und
das Gefühl für sie

Gedichte
sind zum Scheitern verurteilt
erreichen
zu wenige

sind
Porzellan
im Elefantenleben

und als ich
betroffen schwieg
fragten sie mich
warum ich immer noch
solche Ungereimtheiten
fortsetze

antwortete ich
weil andere Umgangsgereimtheiten
mich betroffen schweigen machen
setze ich meine stillgewordene Lautheit
zwangsläufig
in Worte um

darum
Gedichte
meine Freunde

mb

EIN
AUSGEWOGENES GEDICHT
besteht aus
mindestens zwei strophen:
eine dafür
und eine dagegen.

eine
ausgewogene strophe
besteht aus
mindestens zwei versen:
einer dafür
und einer dagegen.

ein
ausgewogener vers
besteht aus
mindestens zwei wörtern:
eines dafür
und eines dagegen.

ein
ausgewogenes wort
kann man stets
auf zweierlei art interpretieren:
einmal dafür
und einmal dagegen.

die
reden der politiker
können ausgewogen sein,
gedichte nie!

rl

## ROHRBRÜCHE

Unsere Phantasie
und unsere ersten
Laufversuche
werden wohlwissend
vielzweigig kanalisiert

aus den Rohrenden
plätschert es seicht

Rohrbrüche
sind terroristisch einzuordnen


mb

## REKLAMATIONEN

an diesem großen gebäude
das auf dem so weiten boden
der freizeitlich
demokratischen
gründlichen ordnung
steht
müssen irgendwann einmal
sehr schlechte maler
gearbeitet haben:
zuviele dunkle flecken
sind noch
zu sehen

rl

## WIDER DIE KREIDERUFE

Da haben wir
wieder
einen Mann
ein brauner Fleck
auf ' liberal '
pluralistischer Palette

irgendwo
doch ein Demokrat
wird ihm presseschriftlich
in den Hintern geflötet

und
immer wieder
platzt da dieser Fleck
hinterläßt seine Dreckpfützen
will einladen
zum Einsudelbad

mb

Wieviele
von denen
die uns nie angehört

Wieviele
von denen
für die wir schon immer langhaarig

werden
oder
haben

ihre Gehirnprothesen
applaudierend empfangen


                    mb

ERINNERUNG AN

Unsere
blatt- und paragraphenfüllende
Ausgewogenheit
erinnert
an satt und zufrieden
erinnert
an Ruhe und Ordnung
erinnert
an Reih und Glied

meint
es geht uns Allen
gut

erinnert nicht an eine
wirtschaftlich fröstelnde Jugend
erinnert nicht an
Planstellenverknappung in ' Kranken-Häusern '
erinnert nicht an
geförderte Durchblutungsstörungen im Öffentlichen Dienst
erinnert nicht an
richtungsweisende Gewissensbeschaugeilheit

meint
eine
PresseRundfunkTVLiteratur
pluralistisch auswiegen

Ausgewogenheit
erinnert an
Frost
        Gerinnung
                Übergewicht

erinnert an
Kopfeinheit

meint
einige wenige sind
überzufrieden
und zeigt
auf viele Schweiger
im Land

## SCHWARZBRAUNES

ich hab geträumt
heut nacht
sie wären wieder da

sie trugen
schwarze uniformen
und brüllten
'rotfront verrecke'

lauter und lauter
wurde das geräusch
ihrer eingleisig
gleichschrittig
stampfenden stiefel

schaudrig
lief es mir
heiß und kalt
den rücken herunter

schweißgebadet
erwachte ich
aus meinem alptraum
der längst schon
grausige wahrheit ist

und ich seh sie
schon wieder marschieren
hör mit furcht
ihren grausamen schritt
gerne würden
sie wieder diktieren
und schon mischen
sie wieder mal mit

ich stand auf
zog mich an
und ging zur straßenbahn

wie so oft
war die bahn
mal wieder vollgeschmiert
mit hakenkreuzen
und niemand
schien sie wahrzunehmen

## SCHWARZBRAUNES...

sie versteckten ihre köpfe
hinter ihren zeitungen
die stets im BILD sein wollen
und werden später
wohl wieder sagen
sie hätten ja nichts gesehen

ich schlug die zeitung auf
und las von strauß und carstens
von ratten und schmeißfliegen
von freiheitlich demokratisch
gründlich deutscher ordnung

und ich seh
sie schon wieder marschieren
hör mit furcht
ihren grausamen schritt
gerne würden
sie wieder diktieren
und schon mischen
sie wieder mal mit

ich dachte
an den verehrten
bürgermeister heinrichsohn
aus der ehrenwerten
gemeinde bürgstadt
wo bis vor kurzem
noch alles
so in ordnung war
und wo bis heute
scheinbar niemand
etwas kapiert hat

ich hörte
die schreie von millionen juden
die heute
nicht mehr reden können
und ich bekam angst:
angst vor den vielen mördern
die heute noch immer
und schon wieder
politik und geschäfte machen

## SCHWARZBRAUNES...

ich stieg aus der bahn
und lief durch die straßen:
vorbei am kiosk
mit der nationalzeitung
vorbei am nazibuchladen
in bornheim
vorbei an einer hauswand
mit der aufschrift:
'gebt den kanaken kein asyl'

und ich seh
sie schon wieder marschieren
hör mit furcht
ihren grausamen schritt
gerne würden
sie wieder diktieren
und schon mischen
sie wieder mal mit

mir fiel ein
wie all das immer
verharmlost und verleugnet wird

und ich dachte daran
was wohl noch alles
passieren muß
damit wir
aus unserem schlaf erwachen
und was wohl wird
wenn wir uns nicht wehren

da müßte dann
mal der den kopf hinhalten
da müßtest vielleicht
auch du mal herhalten
und eines tages
würden wir alle
die rechnung erhalten

davor hab ich
angst

denn ich seh
sie schon wieder marschieren
hör mit furcht
ihren grausamen schritt
gerne würden
sie wieder diktieren
a b e r   d a
    m a c h e n   w i r
        n i c h t   m i t

18

## AN DIE BEISSER IM LAND

Nicht genug
mit den
Ratten und Schmeißfliegen
jetzt sind
die ' Zweifler und Haderer ' dieser Republik
auch noch
die
Maden im Speck

Vorsicht
das Goldene Kalb
will noch unsere Goldzähne
um unsere Argumente
zahnlos
zu halten

nichts
aber auch rein nichts mehr
sollen wir beißen können

mb

## GEGEN DIE RATTEN -
### UND SCHMEISSFLIEGENRUFE

Und es begab sich zu einer Zeit
die zehn, zwölf Jahre nur
hinter uns gelassen
über vor und nach
dreiunddreißig
einmal gar nicht zu schweigen

hat man langhaariges Geäff
an die Wand stellen wollen
aus Kneipen gedroschen
einen Führer
am liebsten klammheimlich
großgezogen
Unwissend dazu gebracht
einem faulen Demonstrierer
die nötige Luft
aus dem Gehirn zu blasen

stetes säen
bringt seine Früchte

die Juden
hatte man beinahe
geschafft
bekennenden Sozialisten
oder Christen
haftete schon immer
ein roter Atem an
und naja
von diesen Schreiberlingen
ist eben nichts anderes
zu erwarten
als
' fahnenflatternde ' Meinungsmache
aus ehedem
morschem versumpftem
Schlechtmachergebälk

und
es begibt sich immer wieder
zu einer Zeit
in denen Scheiterhaufen entfacht
blenden sollen
was hinter weißer Garderobe
eh schon
dunkel gehalten

mb

## IRGEND ETWAS WIRD SCHON DRAN SEIN

Nachdem
das Fernsehvolk
unterhaltend aufgeklärt
über
wie
erkenne ich einen Terroristen
als TV - Sheriff

frage ich mich

vielleicht laufe ich zu eingesunken
mit schuldig runtergeschlagenen Augenlidern
vielleicht mein Profil
vielleicht mein unregelmäßiges Briefkastenleeren

für viele
wird schon was dran sein

sage ich mir

wenn ich mich vor die Haustüre stelle
versuche den Schritt gleichmäßig zu halten
versuche aufrecht zu gehen
versuche
den Blicken Vieler zu begegnen
und im Augenfeld einer Streife
nicht zu schwitzen
während des Ganges
in eine bestimmte Buchhandlung
den möglichen Fotografen
kein Porträt zu bieten

sage ich mir

für viele
wird schon was dran sein

wenn mein Schriftzug
hier und da fordert

wer weiß
vielleicht wegen dieser Zeilen
eine Kartei mehr angefüllt

Verfolgungswahn ?

IRGEND ETWAS .....

oder
öfters hinter Minderjährigen hergeschaut
oder
einen Mann auf der Straße umarmt

Sicherlich
irgend etwas
wird schon dran sein

und
ich werde weiterhin zeigen
wer ich bin
sonst weiß man bald
nicht mehr
wer zu uns gehört

irgend etwas
wird schon dran sein

mb

## FÜR RUDI,
## DEN SANFTEN

schade,
rudi,
ich habe dich nie
persönlich kennengelernt.

dazu trennten uns
wohl doch
zuviele jahre.

tja,
rudi,
nun haben sie dich
doch noch erwischt:

elf jahre
und eine epoche danach
können sie jetzt schreiben,
du seiest
'tödlich verunglückt'.

während millionen
unterm weihnachtsbaum
fette leiber
sich anfrassen.

du wurdest stets gehaßt
und selten verstanden,
von einigen wenigen bewundert,
jetzt wirst du
von vielen geehrt!

hättest du,
rudi,
68 geglaubt,
daß in den zeitungen
einmal riesige todesanzeigen
und ehrenwerte nachrufe
stehen werden?

erst durch deinen tod
wirst du für sie
zum respektablen gegner,
wo du doch einst
ihr großer volksfeind warst.

wann schreiben sie
nachrufe auf sich selbst?
wann erstatten sie anzeige
gegen deine wirklichen mörder?

## FÜR RUDI, DEN SANFTEN...

und erich fried
sagt an deinem grab:
'er wurde ermordet,
ja ermordet,
und die,
die ihn mordeten,
leben und morden weiter.'

für dich,
rudi,
ist es zu spät.
knapp vierzig jahre
warst du alt.

dein reden
ist verstummt,
deine klugen augen
werden nie wieder
ihre zuversichtliche
wärme ausstrahlen.

und die genossen,
rudi,
von damals,
wo stehen die heute?
sie haben sich,
zehn jahre danach,
bereits in ihren
memoiren gesonnt
und kommen jetzt,
durch dich,
nochmal zu wort.

und das,
rudi,
wofür du gekämpft,
was ist daraus geworden?

aus abrüstung
wurde nachrüstung;
notstandsgesetze werden
täglich praktiziert;
vietnam ging unter
zwischen kambodscha, chile,
südafrika, iran, afghanistan,
und, und, und,...

## FÜR RUDI, DEN SANFTEN...

konstantin wecker
singt über willy:
'dabei hätten wir dich
doch noch so gebraucht,
du dummer hund,
ein kerl,
wie du einer bist!'

rudi,
dich haben sie geschafft,
aber wir
sind auch noch da!

dein henker
ist gerichtet,
deine richter
henken weiter.

und aus tiefer trauer
wird so
klammheimliche wut.

rl

## BISSWUNDEN WERDEN ZU ERKENNUNGSNARBEN

Anarchisten sind
zügellos unanständig
mit den wilden wuscheligen Haaren und Bärten
sowie den selbstgearteten Gedanken

Ordentliche
das sind Rasierte
aalglatt und schleimig rutschen sie
durch
eigene Gewissensbisse

das Gute
an den Warumfragern ist
daß sie sich gewissentlich beißen lassen

Verbissen
       zerrissen
             zerlumpt

werden sie dann
von den Ordentlichen kalt
zur aalglatten Ordnung gerufen

und
Bißwunden
werden zu Erkennungsnarben

Die ' zügellos unanständigen
aalglatten ' Konter
kommen nicht aus dem Ungewissen

mb

27

## DENKT NUR NICHT...

Da lauf ich
gegendlos umher
suche
      vielleicht
erste Knospen
versuche zu entwischen
aus eiszapfigen
vorgetrampelten Pfaden

verfange mich
in Stacheldrahtzäunen
der BILDungspresse
der kernspaltigen
Grünlandeinkerkerung

falle auf
mit dem hierzulande noch
linkshumpelnden Gang

trotzdem
denkt nur nicht
ich werde mich
              ängstlich
in bereitgehaltenen
Rattenlöchern verkriechen
und auf neue
Gasgerüche warten

          mb

## BEI UNS IST SO VIELES SAUBERER

vor jener
Auge um Auge
Zahn um Zahn
        Sprechchorordnung
muß man warnen
denn über ' menschliche Irrtümer '
sitzen Demokratiemediziner zu Gericht
entfernen
ihrer Freiheit gemäß
        Symptome
                Wucherungen
die nicht
in ihre eigens
gegossenen Formen
einpassen
      können

werkeln weißbehemdet
dezent
für blutleere Gedankenzeiten
um später
sagen zu können

        schwindsüchtiger Blaßgeist
        ersetzt Stracheldrahtverhaue
        die Forderung
        nach Freiheit
        und Gleichheit für Alle
        wird verblutet sein

        bei uns
        ist so vieles sauberer

man wird versuchen
den Nein - Sagern
das Gehirn
abhanden kommen zu lassen
und plattweg behaupten

        es war
        schon immer so
        und damit
        ruhiger

           friedlicher

mb

## MODELL DEUTSCHLAND

Freiheit zu verkaufen:
Freiheit der Person,
Freiheit der Meinung,
Freiheit des Gewissens.
Freiheit stückchenweise.

Freiheit zu verkaufen:
Freiheit der Lehre,
Freiheit der Presse,
große Freiheit,
kleine Freiheit,
deine Freiheit,
meine Freiheit.
Freiheit
solange Vorrat reicht!

Freiheit zu verkaufen:
Freiheit der Ämter,
der Politik,
der Polizei,
des Kapitals.
Freiheit im Dutzend!

Freiheit zu verkaufen:
Freiheit scheibchenweise,
Stück für Stück,
ganz langsam
und heute
besonders billig!

rl

## ALLTÄGLICHES

wenn morgens
früh um sieben
der wecker schellt
dann ist das
nur der erste
einer ganzen reihe
unangenehmer vorfälle
die dich
den tag über
kaputtmachen

derart grausam
aus dem schlaf gerissen
beginnst du dann
all die träume der nacht
ob gut oder schlecht
wieder zu verdrängen
und gleitest ein
in das räderwerk des tages

du torkelst aus dem bett
pinkelst dir den druck vom leib
rennst kurz unter der dusche durch
und schlingst hastig
das lieblos zubereitete
frühstück runter

dann hetzt du
hin zur straßenbahn
um dort
in lauter verbissen starre
gesichter zu sehen
viele noch schlafend
andere
hinter blutigen schlagzeilen
versteckt

am büro angekommen
schlüpfst du
in deine zweite haut
die dicke wohlgemerkt
stülpst dir
die maske über
und gehst geduckt hinein

## ALLTÄGLICHES...

promt
kassierst du
deinen ersten anschiß
weil du
drei minuten
zu spät bist

alsbald beginnst du
deine arbeit zu tun
zwar mehr mechanisch
und wenig teilnehmend
dafür immer höflich
und stets korrekt

unruhig
und doch wie betäubt
strebst du
der nächsten pause entgegen
freust dich
auf heute abend
oder denkst an letzte nacht
ärgerst dich
über das fernsehprogramm
und bist stolz
wie oft du mal wieder
einen hochbekommen hast

und so
erträumst du dir
verbissen
deine zukunft

wenn du schließlich
mühsam und schleppend
dein tagespensum
geschafft hast
dann gehst du
schon wieder
etwas krummer

du fühlst dich schlapp
reagierst agressiv
und willst erstmal
den ganzen druck loswerden.

jemand
wird sich
schon finden.

**AUF EINMAL**

**MENSCH**

da merkst du

du bist erwachsen geworden


und du weißt nicht

sollst du

dich freuen

oder sollst du

jetzt trauern


deine unbeschwertheit

ist plötzlich vergangen

und in deiner einsamkeit

bist du auch

ein stück einsamer

geworden


rl

## ZU FRÜH SCHON, ZU FRÜH


zigarettenschiefschnäuziges Gesicht
Augenpaar fällt mißmutig ins Bierglas
die Lippen ein zusammengeklebtes Schweigen

man nennt Ihn
den Nichtmehrsowiedamals

ein Bekannter klopft auf durchsichtige Schultern
redet langweilig in den Raum
damits nicht noch langweiliger wird
ich hatte auch mal Ideale

weil die Jugend noch wach war
schläft man nun als Thekensteher
ruht seine Sorgen aus

und junge Freunde sind alt geworden
Bewegungen sind nur noch langsam in Konventionen
Welche Verantwortung lastet auf ihnen

man nennt sie
die Erwachsenergewordenen


mb

und manchmal
wenn mir dann alles
zuviel wird
dann schließe ich
die augen
lausche eurer musik
und lasse mich
zu euch tragen.

dann frage ich mich
janis
wer dir eigentlich
den whisky eingeflößt hat
an dem du dich
totgesoffen hast.

und ich frage mich
jimi
ob nicht wir alle
dir die tabletten gaben
die dich
kaputtgemacht haben.

und du
brian
wer hat dir
die fixen gesetzt
die dich
zerstört haben ?

meine augen
werden immer schwerer
ich wage
sie kaum noch zu öffnen .
der traum
wird zum alptraum.
die musik
entpuppt sich
als trauermarsch.

rl

## TRAUMFAHRT

draußen dichter nebel

du sitzt in deinem auto
und schwebst
durch das milchige weiß

du siehst nicht
du hörst nicht
und fährst drauf los

die blechhaufen
im graben
nimmst du nicht wahr

du bist nur statist
in einem film
der auch ohne dich läuft

pink floyd
the kingfisher

du drehst den recorder auf

während der fischreiher abhebt
dringt durch das
spaltbreit geöffnete fenster
das zischen
der entgegenkommenden wagen

du zündest dir
eine zigarette an

daß der wagen dabei
ins schlenkern kommt
stört dich nicht

du siehst nicht
du hörst nicht
und fährst drauf los

die verletzten
im graben
nimmst du nicht wahr

du bist nur statist
in einem film
der auch ohne dich läuft

## TRAUMFAHRT...

noch immer pink floyd
wish you were here

du denkst an sie
und an
die letzte nacht

vor dir ein lkw

hindernisse
erfordern mechanisches bremsen

ausscheren
überholen
einscheren

diesmal
ist es noch gut gegangen

du siehst nicht
du hörst nicht
und fährst drauf los

die leichen
im graben
nimmst du nicht wahr

du bist nur statist
in einem film
der auch ohne dich läuft

irgendwann
da wird es vielleicht
mal schiefgehen

sie werden dir
einen grabstein hinstellen
sagen
das war sein leben
und dann
ist schluß

sie sehen nicht
sie hören nicht
und fahren drauf los

deine leiche
im graben
nimmt keiner mehr wahr

denn du warst nur statist
in einem film
der auch ohne dich läuft

rl

## FIXENDE RINNSTEINGESCHICHTEN, ÜBER
## DIE MAN HINWEGSTEIGT

Dieses
ich habe noch was zu sagen
ich möchte sagen
was mich innerlich hinkend macht

Dieses
seht her
ich bin auch noch da
spürt
es glüht in mir
            immer langsamer
                  flackernder
dies alles
spritze ich nun
nadelmetallen
in warme Venen

und

Unsere Denkmäler
sind dann
die Kloakenstuben
           Straßengräben
jedenfalls dort
wo nasenrümpfende Bügelfalten
ihre Ordnungsbesen
ghettohaft ansetzen

werden wir
zu Rinnsteingeschichten
über die man hinwegsteigt

anschließend
einen Schnaps ' meine Herrschaften '

mb

## HÄUSER DER TAGE SOLLEN BEWOHNBAR SEIN

Wir haben
vorübergehend unsere Fahnen
eingeholt
und formulierte Gedankenarchitektur
vom Ich ausgespart

inzwischen
erobere ich einen freien Platz in der Straßenbahn
für eine alte weißhaarige Frau
bepflanze
hartkantige Bürgersteige mit Krokusse
und biete meinen Traum
an
zur Isolierung entstandener Ritzen
in deren Zugluft
wir schon lange frieren

Häuser der Tage
sollen bewohnbar sein
und mit großen Fenstern
den Blick auf die Kleinigkeiten
der Straße
gerichtet

mb

Krieg den Palästen

Genua ist nicht alles ALLES !!!

Friede den Hütten

...immer frei

Besetzt

## TAUSEND GEDANKEN

in meinem kopf
herrrscht wieder mal
qualvolle enge
quält enge völle

tausend gedanken
sich gegenseitig bedrängend
und jede ruhe verdrängend
gilt es zu entwirren

tausend gedanken
jeder für sich
schon schwer genug
ziehen an ihren fäden
und wickeln mich
mehr und mehr ein

tausend gedanken
jeder gedanke
ein nadelstich
und mein kopf
ein schlechtes
nadelkissen

rl

44

## DER EINSTIEG

und dann
wieder
die plötzliche angst
daß man
es vielleicht
doch nicht mehr schafft
das aussteigen
aus dieser
so ehrenwerten
gesellschaft
die uns
ins netz lockt
verführt
und dann verschlingt
wie jene spinne
die nach der paarung
ihr eigenes
männchen frißt

ängste
können beflügeln
und der ausstieg
aus dem heute
kann der einstieg
ins morgen sein

rl

## PFLASTERSTRAND

ich lebt einst
in einem jugendtraum
großstädtisch
und voller leben
mit kneipen und aktion
menschen und kommunikation

da waren schließlich jene
die sagten
unter dem pflaster liege der strand

so begann auch ich
zu graben
und stieß sehr bald
auf harten granit

die kneipen waren voll
und doch ohne leben

aktion wurde zu oft
niedergeknüppelt
von reaktion

und die kommunikation
war einbetoniert
in grauen hochhäusern
die nur selten
von der sonne beschienen

und trotzdem
darf der traum
nie zuende gehn
dürfen wir uns
nicht auch noch
einmauern lassen
müssen wir immer weitergraben
bis wir endlich
den strand gefunden haben

rl

**UND SCHLIESSLICH**
**SIND DA NOCH DIE KINDER ,**
die einmal leben sollen
in dieser welt,
und wenn wir denen
auch noch alles verbauen,
dann werden sie uns hassen
eines tages.
sie werden zurückschauen
und an uns denken:
verächtlich
und von todesangst geprägt.

wir alle
wissen das
und es macht uns
nur noch hemmungsloser !

rl

## NACH EINEM SPAZIERGANG
## HABE ICH GEDACHT


Zeigen
wir den Kindern
mal
die bevögelten Astlöcher

früh genug

den noch nicht
eingezäunten Mischwald

vielleicht

säen sie
mal
weiter Eichen, Buchen, Fichten ...

und zehren später
nicht nur an
Erinnerungsfotoalben
die hinterm Fernseher
versteckt wurden


                        mb

Lerne den Regen riechen
schnell und fädend
aufspringen und davonfließen

Lerne den Regen riechen
fußpatschend und spaßig
Arme ausbreitend und lachnaß

Lerne den Regen riechen
in mich sickern
lasse den Regen langsam
Geschichten erzählen

tropfkugelrund und vergnügt
und ernst in die Tiefe gurgelnd
über Äcker die noch übriggeblieben
streichelnd über die noch verharrenden Wiesen
Durst löschend den Pflanzen und dem Gesträuch
ja
und den Wäldern noch ein  naßmutiges Lied
eh wir
über Wunden reden
welche von Menschenkopf und -hand gerissen

Lerne den Regen riechen
schnell und fädend
aufspringen und davonfließen
rauschend und murmelnd

Lasse den Regen langsam
Geschichten erzählen
wie die Wut
die aus den sehenden Augen tropft
wird sie
zur Springflut werden .....

Lerne den Regen riechen
Arme ausbreitend und nachdenklich
lasse seine Geschichten langsam
in mich sickern
höre wutängstlich
was da kommen könnte

Höre
den Regen riechen

mb

## BAUERN DES GERECHTEN SAATGUTES

Wälder !
Unser Müßiggang
bleibt vielen
willig unerkannt;
denn wir singen das Lied
der Retorte

aber vielleicht
vielleicht entsteht
wieder
ein Samenkorn
geboren zur Bürgerinitiative !

Wir dürfen
Wir müssen
zu Bauern des gerechten
Saatgutes werden !

mb

## GORLEBEN IST ÜBERALL

am vierten juni
morgens um zehn
haben sechstausend knüppel
die freie republik wendland
zum polizeistaat gemacht.

mit panzern, cops und helicoptern
haben sie ein dorf zerstört,
aber nicht die idee,
die dazugehört.

sie haben nur
einen platz geräumt,
unser aller traum
wird trotzdem weitergeträumt.

es gibt noch viele plätze
in diesem land,
viele dörfer
werden noch entstehn
und die bewegung
wird immer weitergehn.

drum leute bleibt heiter,
der kampf geht weiter

rl

**DENN MANCHMAL**
da scheint sie ja noch
die sonne
und wer
hat dann schon die kraft
es zu durchschauen
das dunkel
das uns
doch so zu schaffen macht
wo wir
doch längst geblendet sind

dann sonnen wir uns
genießen die wärme
die wir uns selbst
nie geben können
und starren ins licht
bis auch wir
vollends
erblindet sind

rl

Gereimtheiten
auf ein
erstrebsames Leben
setzt man
uns Junggenerationen
pausbackenlächelnd
vor

man gebar uns
in Konservenbüchsen hinein
findet Schlaraffenlandlieder
einschläfernd wiegend
individuell passend
für ein
zufriedenes Hand und Fuß

an Discofäden
geführt
zum ehefreundlich
stillen Oäschen
in
supermarktseidenem Plüsch
darf
herrschaftlich geborgen
gezeugt werden

Leben
aus dem Konservenregal

sorgsam
einsortiert
und schnell griffbereit
für die Nöte unserer Lenker
die auch
unsere Denker
sein möchten

sollten wir nun
ans Laufenlernen denken
für ein regalloses Leben
ohne die Wichtigkeit
plakatlächelnder Etikette
die man uns
im Windelalter
angeklebt
                eingelebt
hat

mb

## SELBSTMORD

ich springe
in den strom
und lasse
mich treiben

von sauberkeit
keine spur

die massen
saugen mich an

ich versuche
ans ufer zu kriechen
doch hier
greift die luxusseuche
um sich

zwei weißmacher
reden auf mich ein

ich ergebe mich

rl

## HIN UND WIEDER

hin und wieder
da stehe ich neben mir
und sehe mich an:
mehr zögernd
und voller zweifel

hin und wieder
da stehe ich neben mir
und sehe mir
über die schulter:
mehr zögernd
und voller mißtrauen

hin und wieder
da bin ich ganz still
und höre mir zu :
mehr zögernd
und voller unruhe

hin und wieder
da merk ich genau
mir steckt was im halse
das muß heraus:
und da hilft dann kein zögern
da bin ich ganz sicher
da hilft nur ein schrei

rl

## LEBEN !

oft
fühlst du dich schlecht
manchmal
da bist du traurig
über all den druck des tages
mit seinen fragen
und ihren antworten
die dich
nicht im geringsten befriedigen

aber da
ist doch noch etwas
woran du denken solltest
da ist ein geschenk
für die zukunft
und das ist leben
leben
leben

drum frage deine fragen
bestehe auf antworten
handle und reagiere
mach deine sache
und bleib am leben

rl

## AN DEN GEDECKEN SOLLS NICHT LIEGEN

Setzt Euch nieder
an unseren Tisch
das Nicht - Viel
unserer Gedecke
läßt  Freundschaft
nicht erblinden

Freunde der Nacht
Euer Morgengedeck
steht schon bereit

So laßt uns
Freunde des Lebens
werden:

Mahl der Freude
wenn wir gemeinsam lachen
Mahl der Trauer
wenn uns ernst wird mitgespielt

auch den anderen von der Straße
laßt das Mahl der Freude
und das Mahl der Trauer
zugänglich werden

Setzt Euch nieder
so werden wir mehr
als wir schon sind

Der Tisch gehört uns
        Allen


                    mb

## WENN IHR ES NICHT GEWUSST

zigarettenzerduftete luft
doch den aschenbecher geleert
stühle merklich verrückt
doch sie stehen noch
porzellan und glas gebraucht
sauber mit andenkenflecken
und die bücher
und die zeitungen
unecht am selben ort

auch
wenn ihr es nicht gewußt
schon durch den türspalt blickend
in eurer wohnung war jemand
vorsichtig
aber anders hat er sich durch und
über alles bewegt

jedenfalls   war es niemand
der
dem staubfussel
in der linken fußbodenritze
lauschig
einen wert beimaß

mb

**WAS KANN ICH DENN
ALLEIN
SCHON TUN**
so sprach er
und machte weiter

was kann ich denn
allein
schon tun
so sprach ein anderer
und machte mit

was kann ich denn
allein
schon tun
so sprach sie
und lebte weiter
ihren trott

was kann ich denn
allein
schon tun
das sagt  er
das sagt  sie
das sagst du

was kann ich denn
allein
schon tun
das sagen alle
und sterben
einsam und allein
ihren langsamen tod

rl

**Von den gleichen Autoren erschien:**

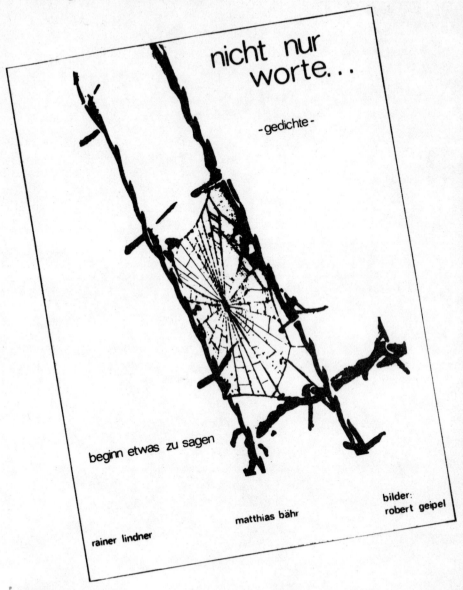

**ISBN 3-9800398-0-3**
113 Seiten,
zu beziehen über:

Matthias Bähr/Rainer Lindner
Bachgasse 1
6316 Gemuenden 4  (Elpenrod)

# 2×LYRIK AUS DEM AZ-VERLAG

MATTHIAS BÄHR:

am 8.4.1954 in Haiger/Dillenburg geboren; bei Marburg aufgewachsen; Krankenpfleger.


RAINER LINDNER:

am 16.12.53 in Bonn geboren; in Frankfurt aufgewachsen; arbeitender Mensch.


ROBERT GEIPEL:

1955 in Frankfurt geboren; Fotograf mit Spezialgebiet Fotografik und audiovisuelle Diaserien.


Von den drei Autoren erschien bereits 1979 der Lyrikband
' NICHT NUR WORTE...'


SIMONE EIGEN:

lebt und fotografiert in Frankfurt und hat dort einen Buchladen.